HI! I'm Clementine!

I'm a little brown dog who will help you learn Portuguese

MARGARET WALSH

Archway Publishing books may be ordered through booksellers or by contacting:

Archway Publishing
1663 Liberty Drive
Bloomington, IN 47403
www.archwaypublishing.com
844-669-3957

ISBN: 978-1-6657-4896-4 (sc)
ISBN: 978-1-6657-4897-1 (e)

Library of Congress Control Number: 2023915678

Print information available on the last page.

Archway Publishing rev. date: 09/22/2023

Hi! I'm Clementine!
Olá! Eu sou a Clementine!

I'm a little brown dog who will help you learn Portuguese
Sou uma cadelinha castanha que te vai ajudar a aprender português

I, my Mama, my grandmother, my aunt and my cousin all live close to each other.
Eu, a minha mamã, a minha avó, a minha tia e a minha prima vivemos perto umas das outras.

My Auntie takes care of me when Mama is away.
A minha tia toma conta de mim quando a mamã não está.

My Nani shares her food with me.

A minha avozinha partilha a comida dela comigo.

My cousin Francesca takes good pictures of our family.

A minha prima Francesca tira ótimas fotografias à nossa família.

I also have friends in my neighborhood.
This is Jax, who has a curly tail,

Eu também tenho amigos no meu bairro.
Este é o Jax, que tem a cauda encaracolada,

and this is his Daddy, Alex.

e este é o pai dele, o Alex.

This is Larry, who has long black hair,

Este é o Larry, que tem o pêlo preto e comprido,

and this is Nate. Nate is a nice boy and always holds his stuffed animal in his mouth.

e este é o Nate. O Nate é um bom rapaz e anda sempre com o peluche dele na boca.

When I get up in the morning, I have to go to the
bathroom. I do that in our back yard.
Quando me levanto de manhã, tenho de ir à casa de
banho que, para mim, é no nosso quintal.

My Mama had a fence put up so I could run around the yard safely.
A minha mamã mandou colocar uma vedação para eu
poder correr pelo quintal em segurança.

I watched the men put up the fence.
Eu fiquei a ver os homens a colocar a vedação.

They were kind to me and we had a good time together
while they were working at my house.
Eles foram simpáticos comigo, e divertimo-nos muito
enquanto eles estavam a trabalhar em minha casa.

After I go to the bathroom, I have breakfast.
Depois de ir à casa de banho, tomo o pequeno-almoço.

Mama eats strawberries, bananas and blueberries.
A mamã come morangos, bananas e mirtilos.

I prefer my own food, and sometimes I like to eat a little cheese or yogurt.

Eu prefiro a minha comida, mas às vezes eu gosto de comer um queijinho ou iogurte.

I like to help Mama work,

Eu gosto de ajudar a minha mãe no trabalho dela,

and I also like to sit outside in our yard,
especially when it's sunny.
mas também gosto de ficar sentada lá fora,
no quintal, especialmente quando está sol.

I love the snow!
Adoro a neve!

I don't mind the cold weather because I wear a coat
Eu não me importo quando está frio porque eu uso um casaco

or a sweater
ou uma camisola.

I also like going to the beach.

Eu também gosto de ir à praia.

It's so much fun to chase the waves!
É tão divertido correr atrás das ondas!

**After being at the beach or playing
with my friends I get sleepy.**

Depois de estar na praia ou de brincar com
os meus amigos fico cheia de sono.

So I want to take a nap.

Por isso, eu quero dormir uma sesta.

I like to take a nap with my toys.

Eu gosto de dormir a sesta com os meus brinquedos.

I look out the window when we are driving in the car

Eu costumo ficar à janela quando andamos de carro

and when we are flying in an airplane.
ou de avião.

We flew on an airplane that was red and green. It was pretty!
Já andámos num avião que era vermelho e verde. Era giro!

At night, Mama reads me a story by the fireplace
À noite, a mamã lê-me uma história quando estamos à lareira

or on the sofa.

ou no sofá.

Then we go to bed and sleep.

Depois, nós vamos para a cama e dormimos.

In the morning, I am excited to wake up and start the day!

De manhã, estou ansiosa por acordar e começar o dia!

Printed in the United States
by Baker & Taylor Publisher Services